AF236448

Miku Kumiko

Und Unsinn

Koans und Meditationen und
Gedanken und Notizen und
Unsinn

Bibliografische Information der Deutschen Nationalbibliothek: Die Deutsche Nationalbibliothek verzeichnet diese Publikation in der Deutschen Nationalbibliografie; detaillierte bibliografische Daten sind im Internet
über dnb.dnb.de abrufbar.

Herstellung und Verlag:

BoD – Books on Demand, Norderstedt

ISBN: 9783753403649

Für Verlorene und für
Angekommene und für Träumer
und für Suchende und für
Verrückte und für Einsame und
für Traurige und für Wahnsinnige
und für Leidende und für
Trauernde und für Glückliche
und für Unglückliche und für
Wissende und für Dumme und
für Herzlose und für Liebende

und für dich

Der Inhalt ist in drei Teile gegliedert. Im ersten Teil findest du 96 Texte, die sich im zweiten und dritten, mit überarbeiteter Aussage, wiederholen.

Teil 1

1. Finsternis

Den Plan gesehen haben und
den Tag gut denken, Sätze
verkehren die Welt, einfach
hindurch kommen und dabei
sein.

2. Ausgewrungen

Gut das Konstrukt ausgewrungen
haben, die guten Erfindungen
des Lebens auffangen.

3. Spiele

Alte Spiele neu erfinden, sich
kurz geborgen fühlen und mit
sich reden.

4. Regen

Der Regentropfen haftet an der
Glasscheibe, die Gedanken
haften mit dem Regentropfen
am Leben und treffen dich.

5. Illusion

Die Illusion der Erkenntnis
verengt meine guten
Arbeitspausen und ich atme.

6. Einstellung

Aus den Geräuschen entstehen
feine Töne und die Einstellung
bekommt eine zusätzliche
Einengung und die Morgensonne
wärmt.

7. Grund

Ein sehr guter Grund zu leben, ist
besser zu wissen ohne sich
erwischen zu lassen, von sich
oder von anderen.

8. Nase

Die Orientierung nach der Nase
hilft ans Ziel zu kommen und zu
sterben.

9. Aufpassen

Der Geruch an den Fingern
eröffnet eine neue Welt und
nimmt gefangen.

10. Ohne

Besonders das Wort ohne hat
großen Gehalt und nimmt uns
gerne mit in den Anfang in eine
unschuldige Welt und dreht uns
um.

11. Brauchbar

Brauchbares ist uns gut
gesonnen und darf bis zum
Schluss nicht verloren gehen.

12. Endlich

Die Endlichkeit nimmt uns mit in
eine Unendlichkeit, lasst uns die
Meinungen prüfen, gerne
übernehmen wir sie einfach.

13. Zustand

Der gute Zustand der
Verwahrlosten schockiert und
bringt uns zum Nachdenken,
denn Leistung zählt und dann
darf ich.

14. Sonne

Unschuldig dringt die Sonne in
den Sonnenbrand hinein.

15. Aufblühen

Kurz blüht der Alte auf, schaut in
die fröhliche Runde und nimmt
den letzten Zug nachhause, alles
scheint gut zu sein.

16. Trostlos

Der Fisch stinkt schon und die
Hungrigen schimpfen ungeduldig
mit dir.

17. Knospen

Erregt laufen alle blind ins
Verderben, atmen kurzatmig
kurz und altern schnell.

18. Beinhart

Aktuell musst du beinhart sein
und viel Pein ertragen, so kannst
du in den Himmel kommen und
endlich glücklich sein.

19. Anfangs

Der Zug ist anfangs abgefahren,
keiner hörte einen Ton, so still
war es schon seit Zeiten nicht
mehr und wieder anfangs.

20. Unbegründet

Alles vergessen haben und
unbegründet freundlich
beschuldigt werden.

21. Gang

Weite Strecken zurücklegen und
bei den Gedanken der anderen
ankommen, aufbrechen und
einteilen und weggleiten.

22. Sinn

Im Umdrehen liegt ein großes
Geheimnis begraben und bleibt
unbekannt.

23. Hand

Die Hand des Feindes ohne Kraft
drücken und das Leben aufgeben
und das Glück kommt plötzlich
angeflogen und schaffen.

24. Glas

Das zerbrechende Glas blieb in
den Gedanken haften, keiner hat
das Ende jetzt erwartet.

25. Futter

Schnell das Futter
herunterschlingen und ein
Genießer sein, mehr macht die
Berechtigung zum Genießer aus
und zeichnet aus.

26. Befreiung

Aus Überdruss in die Kirche
gehen und mit den kratzenden
Gedanken auf die endgültige
Befreiung hoffen, gutgetan
haben.

27. Wieder

Wieder und wieder erscheinen
die guten Gerechten widerlich
ungerecht.

28. Außerirdisch

Nicht daheim im Garten sein, im
Außerirdischen die Erklärung für
heute erhoffen, alle Mystik in
den Plastiksack nehmen.

29. Pünktlich

Zur richtigen Zeit das richtige
Hemd tragen und pünktlich zur
Beerdigung kommen.

30. Verträumt

Fliege verträumt durch die Luft,
atme den Duft der anderen
Menschen ein, wasche mich und
bin ein Träumer der besten
Sorte.

31. Helden

Da ich eine Medaille bekommen
habe, darf ich mich jetzt Mensch
nennen.

32. Hoch

Die Wolken am Himmel scheinen
recht hoch zu fliegen, auswendig
die Vergangenheit wissen, ein
Abziehbild sein und lachen.

33. Jegliche

Aus guten Gründen konnte der
Fahrer nicht halten, jegliche
Verantwortung lag bei den
anderen und auch Liebe war ein
Wort.

34. Schnell

Der Vogel auf dem Fensterbrett
zwitschert mir viel zu schnell das
Morgenlied.

35. Hinaus

Wie weit noch hinausgehen um
hoch zu sein, mit dem Leben
spielen und mehr werden und
höher sein, gut gemacht haben.

36. Verantwortung

Die Verantwortung gebe ich dir,
sie geht mich wirklich nichts an,
so wie du.

37. Wurm

Der Wurm hat dein Loch der
Gedanken gefunden und findet
hier eine Heimat und bleibt bei
dir dein restliches Leben.

38. Herz

Mit leerem Herzen treffe ich
mein Herz, mit leerem Herzen
treffe ich dein Herz, mit leerem
Herzen treffe ich das Sein.

39. Gefängnis

Im Gefängnis der Träume das
Leben sehr sicher eingesperrt
haben.

40. Liebe

Im Durst nach Liebe das Selbst
vergessen, gut sein denken und
bitten.

41. Bitten

Und wir bitten und beten,
dichten Geschichten und wieder
im Gefängnis der Träume, im
Gefängnis der Liebe sein.

42. Morgen

Ein guter Morgen bringt die
Hoffnung zurück, ein guter Tag
lässt kurz das Sterben vergessen,
es wird ein guter Tag.

43. Wiedergeboren

Immer wieder neu geboren
werden, immer wieder neu
sterben.

44. Angst

Die Angst hat dich verschoben,
die guten Tage sind nicht vorbei.

45. Angstfrei

Angst haben oder angstfrei, der
Frühling wird kommen, zu dir
und zu mir.

46. Kreuze

Die beiden Kreuze standen auf
dem Berg und in mir, mehr als
ein Kreuz tragen, die Hoffnung
verlieren oder die Kreuze.

47. Fest

Wir halten ewig fest an den
Kreuzen, sie geben auch einen
verkehrten Sinn.

48. Leere

Endlich die Leere gefunden
haben und plötzlich wieder die
Kreuze entdecken, sie beginnen
zu verfluchen und bestimmt
werden.

49. Wunde

Die Wunde des Herzens nicht
heilen lassen, die Wunde
ordentlich pflegen und alles in
das Herz lassen, Gift und Abfall.

50. Leider

Leider hat das Leiden nicht
immer einen großen Sinn, für
das Verrücken macht das Leiden
aber immer einen Sinn.

51. Vertrauen

Vertrauen in Gedanken fassen
und daraus ein festes Bild
machen.

52. Verfestigt

Die Welle trifft mich und ich
merke das Feste in mir,
geschützt verdummen.

53. Ton

Die klingende absolute Stille hat
dich kurz getroffen und
verschwindet mit dem ersten
Gedanken an den Erfolg.

54. Mutlos

Mutlosigkeit ins
Erfolgsbewusstsein wandeln und
stark sein und gewinnen und
töten und ganz endlich Mensch
sein.

55. Aufgeregt

Aufgeregt ist nicht erregt und
kommt nicht von irgendwo her,
hat doch etwas mit Unvernunft
zu tun und überfällt spontan.

56. Kerze

Kerzengerade stehen und an
gerade und an die Kerze denken,
an den unglaublichen Frohsinn
denken und gerade sein.

57. Apfel

Ich habe den Apfel gefunden,
aber ist schon etwas faul im
Kern.

58. Erbrechen

Das Erbrochene des freundlichen
Besoffenen riecht sauer und
vertreibt meine Liebe zur
Ganzheit und zum Verständnis.

59. Schuppen

Die Schultern voller
Haarschuppen dämpft etwas die
gespielte Überlegenheit.

60. Bremsen

Du bremst mich mit deiner
Überlegenheit und ich träume
einfach weiter von großen
Besitzen und werde es dir schon
zeigen.

61. Auf

Als die Tür aufging und der große
Weise eintrat stolperte er
dumm.

62. Freundlich

Wieder freundlich sein und die
Welt weltlich umarmen und
beherrscht sein.

63. Kern

Der große Unterschied im Kern
zeigt jedem, dass es überhaupt
keinen Unterschied gibt, wir
pflanzen uns fort und sterben.

64. Spruch

Der gute Satz und der gute
Spruch laden zum Sitzen und
Wegfliegen ein.

65. Ausgewogen

Gut ausgewogen auf der Erde
sitzen und lachen und wieder
verloren haben, wie ist es richtig,
wann hast du dich wieder.

66. Raureif

Sehr reif sein und sehr rau sein,
den Anfang verloren haben und
du dir den Auftrag geben, den
Anfang wiederzufinden.

67. Last

Die Last zieht in die Erde, tiefer
und tiefer, die Erde wartet auf
dich.

68. Töne

Durchdrungen von den Tönen,
von den lauten und noch
lauteren Tönen und denken und
endlich etwas Gescheites sagen.

69. Austausch

Einiges austauschen,
Flüssigkeiten und Gedanken,
Gefühle und hartes Wissen,
Glauben und Verbohrtheit und
sich.

70. Abgesprungen

Einmal noch und noch einmal
und dann davonlaufen oder
nicht.

71. Kurz

In die Sonne sehen, natürlich
kurz und freundlich, obwohl das
schon weh tut, die Sonne loben,
kurz und sehr freundlich.

72. Netz

Benetzt die Denker auf
Erklärungen untersuchen, auf
den richtigen Sinn hin.

73. Brutal

Ohne Rücksicht den letzten
Schluck austrinken und gerne
brutal sein, das ist eine zeitlos
gute Charaktereigenschaft.

74. Versprochen

Nichts versprochen haben und
den Mittelpunkt der Erde trotz
Herdenbewusstsein schaffen,
komm her und übergib dich.

75. Mahner

Langsam verblassen die
Mahnungen vom Mahner, der
Mahner ist alt und dünn
geworden, ausgemergelt wirkt
er.

76. Grund

Es gibt keinen echten Grund um
ein großes Wissen anzusammeln.

77. Dabei

Völlig außer sich dabei sein,
bestimmt dabei sein wollen und
verbunden sein.

78. Glück

Ein Glück dabei zu sein und die
Kontrolle über die Welten zu
haben, gutes Glück.

79. Auftrag

Einen Auftrag bekommen,
diesen ordnungsgemäß
ausführen und stolz wie ein
Krieger sein, du musst ein
Krieger sein.

80. Auftreten

Bin aufgetreten und habe alles
eingetreten, der vorbildliche
Starke sein.

81. Wunder

Es gibt doch keine zusätzlichen
Wunder, die bekannten müssen
reichen.

82. Rahmen

Der Rahmen hat eine schöne
rahmende Funktion, die
Hoffnung einrahmen.

83. Sehen

Ich konnte die Sonne vor Glück
nicht sehen und freute mich
dumm.

84. Langsam

Zurückkommen zur Besinnung
und ein ordentlicher Mensch
sein, die Arme stärken und die
Muskeln zur Freude spielen
lassen.

85. Verdreht

Zuviel nachgedacht haben und
die Einbildung verdrehen, nicken
und bejahen, bestätigen und
weiterdenken, gut machen.

86. Wochenende

Ein Wochenende, ein Jahresende
und ein Lebensende, alles
finden, ohne Mühe.

87. Lärm

Der Dauerlärm im kleinen Kopf
ist zur Musik geworden, ein
Rauschen und Klirren und
freundlich zu allen sein, gut sein.

88. Zahlen

Alles zahlen dürfen, keine
Rechnung bleibt offen,
Geschenke sind gefährlich und
das Glück wird eine schlimme
Strafe sein.

89. Abkürzung

Seit die Abkürzung Gewohnheit
wurde, gibt es keine Abkürzung
mehr, ein beschwerliches Leben
durch die langen Wege sehen.

90. Verrechnet

Gut gerechnet haben, ein
schlauer Kopf sein, gut
ausgerechnet haben und doch
verrechnet und doch ein neuer
Anfang.

91. Worte

Es werden immer wieder Worte
sein, Worte beschreibend das
ganze Leben.

92. Aufgetan

Die Ruhe hat sich aufgetan, die
Unruhe kommt wieder und alles
andere ist rundherum, nimmt
kaum Platz weg, alles auftun.

93. Bereit

Jetzt bereit sein, die Arbeit
machen und das Vergnügen
dadurch verdient haben, jeden
Tag neu ohne viel
nachzudenken.

94. Eitelkeit

Dich bei der Eitelkeit packen und
schon verloren gehen,
hinunterfallen.

95. Leuchten

Und es leuchtet der Kopf, viele
glauben, dass sie sich anstecken
können.

96. Liebe

Auf die Liebe darf hier nicht
vergessen werden, die eine und
die andere Liebe, die gedachte
Liebe und die entleerte Liebe.

Teil 2

1. Dunkelheit

Wenn Sie sich den Plan genau ansehen und über den Tag nachdenken, wird die Aussage auf der ganzen Welt verbreitet.

2. Belichtung

Nun, ich fand eine gute Erfindung des Lebens und schrieb ihre Zusammensetzung auf.

3. Spiel

Das alte Spiel neu erfinden, sich sicher fühlen und miteinander reden.

4. Regen

Die Regentropfen haften am Glas
und die Idee haftet an den
lebenden Regentropfen und
greift dich an.

5. Illusion

Die Illusion der Verwirklichung
beschränkt meine gute Arbeit
darauf, unterbrochen zu werden,
ich atme.

6. Einstellung

Der Ton ist subtil, die
Einstellungen werden enger und
die Morgensonne erwärmt sich.

7. Grund

Ein sehr guter Grund zu leben ist,
es besser zu wissen, ohne von
sich selbst oder anderen
erwischt zu werden.

8. Nase

Die Richtung zur Nase hilft, das
Ziel zu erreichen und zu sterben.

9. Wahrnehmen

Der Geruch des Fingers öffnet
eine neue Welt.

10. Keine

Insbesondere das Wort "keiner"
hat einen großen Inhalt, daher
möchte ich den Beginn einer
unschuldigen Welt betrachten.

11. Bequemlichkeit

Benutzerfreundlichkeit ist eine
gute Absicht und wird nicht bis
zum Ende verloren gehen.

12. Endlich

Die Endlichkeit nimmt uns
unendlich mit und lasst uns
unsere Meinungen überdenken,
wir werden sie gerne
akzeptieren.

13. Zustand

Leistung ist wichtig und dann
erlaubt, daher denke ich, dass
eine gute Schockbedingung
ignoriert wird.

14. Sonne

Die Sonne dringt unschuldig in
den Sonnenbrand ein.

15. Wohlstand

Der alte Mann erblüht für einen
Moment, sieht glücklich aus,
kommt im letzten Zug nach
Hause, alles scheint gut zu sein.

16. Töten

Der Fisch stinkt schon und hat
Hunger.

17. Laufen

Aufgeregt läuft jeder blind,
atmet aus und altert vorzeitig.

18. Herz

Jetzt bist du hart und musst so
viel Schmerz ertragen, dass du
endlich in den Himmel kommen
und glücklich sein kannst.

19. Anfang

Der Zug ging zunächst verloren,
niemand hörte Lärm, es war
jahrelang nicht sehr leise und
zunächst.

19. Faktenfrei

Ich habe alles vergessen und
erhielt eine unbegründete
freundliche Bitte.

21. Geschwindigkeit

Bewegen Sie sich über weite
Strecken, bis Sie den Kopf der
anderen Person erreichen.

22. Sinn

Die Rotation enthüllt ein großes
Geheimnis und bleibt
unbekannt.

23. Hand

Wenn Sie sich an die Hand des
Feindes klammern und Ihr Leben
ohne Gewalt aufgeben, wird das
Glück fliegen.

24. Glas

Das zerbrochene Glas blieb in
der Idee und niemand erwartete
das Ende.

25. Essen

Sich bereit zum Essen machen,
werden Sie ein Enthusiast, geben
Sie Enthusiasten und großartigen
Menschen mehr Rechte.

26. Abbrechen

Es war nicht langweilig, in die
Kirche zu gehen und sich etwas
mit der vagen Idee der letzten
Ansicht zu wünschen.

27. Noch

Oft sehen rechtschaffene
Menschen ungemütlich und
ungerecht aus.

28. Außerirdisch

Nicht im Gartenhaus, alle
Geheimnisse in Plastiktüten
stecken und auf Ausländer
rechnen.

29. Richtig

Trage das richtige Hemd zur
richtigen Zeit und komme
pünktlich zur Beerdigung an.

30. Traum

Wie die Träume, die am Himmel
fliegen, ist es die beste Art von
Traum, mich zu waschen und
den Geruch anderer zu atmen.

31. Helden

Nach Erhalt der Medaillen kann
ich mich Mensch nennen.

32. Hoch

Wolken des Himmels scheinen
hoch zu fliegen, erinnern sich an
die Vergangenheit und lachen
mit Abziehbildern.

33. Beliebig

Aus guten Gründen konnte der
Fahrer nicht halten, jede
Verantwortung war bei anderen,
sogar Liebe war ein Wort.

34. Schnell

Vögel am Fenster singen früh
morgens ein Lied.

35. Raus

Geh, geh auf, spiel im Leben,
steig auf, geh auf, geh gut, mach
gut.

36. Verantwortung

Ich gebe dir die Verantwortung,
es ist überhaupt nicht meine
Aufgabe.

37. Würmer

Würmer finden Löcher in Ihren
Gedanken, finden hier ihr
Zuhause und bleiben für den
Rest Ihres Lebens bei Ihnen.

38. Herz

Ich treffe mein Herz, ich treffe
dein Herz mit einem leeren
Herzen, ich treffe meine
Gegenwart mit einem leeren
Herzen.

39. Gefängnis

Sie sind auf Trauma-Gefängnisse
mit sehr begrenztem Leben
beschränkt.

40. Liebe

Aus Liebe vergesse ich mich,
frage und denke nach.

41. Bitte

Und wir beten dafür, im
Gefängnis der Liebe, in der
dunklen Geschichte und wieder
im Gefängnis der Träume zu
sein.

42. Morgen

Im guten Morgen erinnere ich
mich an Hoffnung und vergesse
einen guten Tag, es wird ein
guter Tag.

43. Wiedergeboren

Der Gedanke wird immer wieder
wiedergeboren und stirbt immer
wieder.

44. Angst

Angst hat dich beeindruckt, ein
guter Tag ist nicht vorbei.

45. Mach dir keine Sorgen

Der Frühling kommt mit mir zu
dir, ob du Angst hast oder nicht.

46. Kreuz

Die zwei Kreuze standen in den
Bergen und in mir, ein oder
mehrere Kreuze tragend,
verloren, Hoffnung und Kreuze.

47. Feier

Wir klammern uns für immer ans
Kreuz, wir geben wieder falsche
Bedeutungen.

48. Himmel

Wenn du endlich die Lücke
findest und plötzlich das Kreuz
entdeckst, beginne zu fluchen
und zu entscheiden.

49. Kratzer

Wunden des Herzens heilen, die
Wunden richtig pflegen, nichts
im Herzen, Gifte oder Müll
hinterlassen.

50. Leider

Leider hat Leiden nicht immer
einen großen Zweck, aber es
macht immer Sinn.

51. Vertrauen

Bitte zeichnen Sie ein festes Bild
mit Vertrauen in Ihre Idee.

52. Erstarrung

Als die Wellen mich trafen,
bemerkte ich das Feuer in mir.

53. Ton

Eine durchschlagende absolute
Stille trifft Sie für einen Moment
und verschwindet beim ersten
Gedanken an Erfolg.

54. Enttäuscht

Es macht Entmutigung zu einem
Erfolgserlebnis, wird stärker,
gewinnt, tötet und wird
schließlich menschlich.

55. Aufregung

Aufregung ist nicht aufgeregt, sie
kommt nicht von irgendwoher,
sie greift spontan an, wenn alles
unmöglich wird.

56. Kerze

Stellen Sie sich gerade und
denken Sie an die unglaubliche
Ruhe der Kerze.

57. Apfel

Ich habe den Apfel gefunden,
aber der Kern ist etwas fauler.

58. Erbrechen

Freundliches Erbrechen riecht
sauer und zerstört meine Liebe
zur Ganzheit und zum
Verständnis.

59. Schuppen

Die feuchten Schultern
schwächten die Vorteile des
Spiels leicht ab.

60. Bremse

Sie bremsen mich mit ihrer
Überlegenheit, und ich träume
immer von großartigen Dingen,
und ich zeige es Ihnen.

61. Auf

Als sich die Tür öffnete und ein
großer König eintrat, war er
dumm und stolperte.

62. Freundlich

Werde wieder freundlich,
akzeptiere die Welt und herrsche
über die Welt.

63. Kern

Der große Unterschied im Kern
zeigt allen, dass es überhaupt
keinen Unterschied gibt.

64. Sagen

Wenn Sie gute Sätze oder
Sprichwörter haben, empfehle
ich Ihnen, sich hinzusetzen und
wegzufliegen.

65. Ausgeglichen

Ich saß ausgeglichen auf dem
Boden und lachte und starb
wieder, wann kommst du
zurück?

66. Frost

Bitte geben Sie mir die Aufgabe,
sehr reif und sehr rau zu sein,
den Anfang zu verlieren und den
Anfang zu finden.

67. Endlich

Die Last geht tief in die Erde und
die Erde wartet auf dich.

68. Ton

Das Geräusch ist durchnässt,
laut, denkt nach und sagt am
Ende etwas Kluges.

69. Austausch

Ersetzen Sie fließende Dinge,
Gedanken und Gedanken,
Gefühle und hartes Wissen,
Glauben und Rückzug und sich
selbst.

70. Entkommen

Immer wieder und immer wieder
und immer wieder und immer
wieder und immer wieder und
immer wieder entkommen.

71. Kurz

Natürlich scheint die Sonne kurz
und freundlich, es tut weh, aber
die Sonne wird bewundert und
kurz und so schön.

72. Netzwerk

Befruchten Sie die Denker mit
einer Erklärung, während Sie
nach der richtigen Bedeutung
suchen.

73. Brutal

Die letzte Tasse zu trinken und
brutal zu sein, ist der Charakter
eines zeitlos guten Charakters.

74. Versprechen

Versprich nichts, komm her und
gib dich trotz des schwärmenden
Bewusstseins dem Mittelpunkt
der Erde hin.

75. Warnung

Langsam verschwindet die
Erinnerung an Leben, das Leben
ist alt und dünn, einfach
schwach sein und schwach
bleiben.

76. Grund

Es gibt keinen wirklichen Grund,
viel Wissen anzusammeln.

77. So

Ich möchte auf jeden Fall allein
sein.

78. Glück

Gib dein Bestes, um die Welt
glücklich zu regieren.

79. Befehle

Nehmen Sie Befehle entgegen,
führen Sie sie ordnungsgemäß
aus und seien Sie stolz auf den
Krieger, Sie sind ein Krieger.

80. Macher

Ich habe alles gemacht.

81. Wunder

Es gibt kein zusätzliches Wunder,
das Bekannte sollte reichen.

82. Rahmen

Der Rahmen hat die schöne
Rahmung, die der Rahmen will.

83. Glück

Ich war glücklich, konnte die
Sonne nicht sehen und freute
mich auf Dummheit.

84. Langsam

Komm zurück zu deinen Sinnen,
werde ein anständiger Mensch,
stärke deine Arme und lasse
Ansichten zum Vergnügen
spielen.

85. Fantasie

Wenn Sie viel nachdenken, um
Ihre Fantasie anzuregen, achten
Sie darauf, nach vorne zu
schauen und sich zu verbessern.

86. Wochenende

Finden Sie alles am
Wochenende, Neujahr, ohne
Mühe.

87. Lärm

Der konstante Klang in dem
kleinen Kopf ist Musik, Klang,
Ton und gut für alle.

88. Nummer

Zahlen Sie alles, lassen Sie keine
Rechnungen offen, Geschenke
sind gefährlich, Glück ist eine
schwere Strafe.

89. Abkürzungen

Abkürzungen sind so weit
verbreitet, dass es auf lange
Sicht keine Abkürzung gibt, um
einen Ausweg zu finden.

90. Nummer

Es ist gut berechnet, intelligent,
gut berechnet und immer noch
schattiert, aber es ist immer
noch ein neuer Anfang.

91. Wörter

Es wird immer das Wort Leben
geben.

92. Rest

Der Rest ist offen, der Rest ist
zurück, alles andere ist überall,
braucht etwas Platz und alles ist
offen.

93. Abgeschlossen

Bereiten Sie sich jetzt vor, haben
Sie das Vergnügen, jeden Tag
neu zu denken, ohne zu viel
nachzudenken.

94. Eitelkeit

Ergreife die Eitelkeit, verliere
deinen Blick und falle.

95. Licht

Und es kommt ans Licht, und
viele glauben, dass sie infiziert
werden können.

96. Liebe

Erinnere dich an die Liebe hier,
die Liebe des einen und des
anderen, die fürsorgliche Liebe
und die Liebe zum Himmel.

Teil 3

1. Dunkelheit

Nachdem sie sich den Plan
angesehen und über den Tag
nachgedacht haben, durchziehen
die Vorschläge die Welt.

2. Konstrukt

Nun, sie haben das Konstrukt
überwunden und die guten
Erfindungen des Lebens
eingefangen.

3. Spiel

Erfinden Sie alte Spiele, fühlen
Sie sich sicher und
kommunizieren Sie miteinander.

4. Regen

Der Regentropfen klebt am Glas,
die Gedanken kleben mit dem
lebenden Tropfen zusammen
und treffen dich.

5. Illusion

Die Illusion des Bewusstseins
schränkt meine gute Arbeit ein
und ich atme.

6. Anpassung

Geräusche kommen von den
Geräuschen subtiler Geräusche,
die Situation verengt sich, die
Morgensonne heizt sich auf.

7. Grund

Ein sehr guter Grund zum Leben
ist es, es besser zu wissen und
sich nicht von Ihnen oder
anderen erwischen zu lassen.

8. Nase

Die Konzentration auf die Nase
hilft, das Ziel zu erreichen und zu
sterben.

9. Beobachten

Der Geruch an den Fingern
eröffnet eine neue Welt und sie
beginnt.

10. Ohne

Besonders das Wort ohne hat
großen Inhalt und führt uns an
den Anfang der unschuldigen
Welt und dreht sich um.

11. Nützlich

Es kann mit guten Absichten
verwendet werden und kann
nicht bis zum Ende verloren
gehen.

12. Schließlich

Teile bringen uns ins Unendliche,
lasst uns die Meinungen
überprüfen, wir akzeptieren sie
gerne.

13. Zustand

Der gute Zustand der
gebrochenen Stempel lässt uns
nachdenken, denn Leistung wird
berücksichtigt und dann erlaubt.

14. Sonne

Die Sonne geht unschuldig in
einen Sonnenbrand über.

15. Gedeihen

Der alte Mann blüht kurz auf,
schaut fröhlich, steigt in den
letzten Zug nach Hause, alles
scheint in Ordnung zu sein.

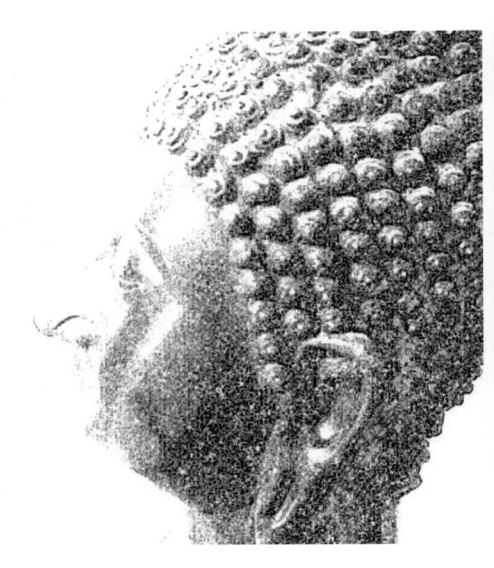

16. Traurig

Der Fisch stinkt schon und der
Hunger ist mit Ungeduld für uns
gefüllt.

17. Alt

Aufgeregt läuft jeder blind,
atmet schnell und wird schnell
alt.

18. Beinhart

Im Moment musst du stark sein
und leiden, damit du in den
Himmel kommen und endlich
glücklich sein kannst.

19. Anfangs

Anfangs war der Zug verloren,
niemand hörte das Geräusch, es
war nicht so leise und zuerst.

20. Unvernünftig

Alle Angeklagten haben
vergessen und sind
unvernünftigerweise Freunde.

21. Gang

Reisen Sie lange Strecken und
kommen Sie zu den Gedanken
anderer, brechen Sie, teilen Sie
und rennen Sie davon.

22. Bedeutung

Der Satz enthüllt ein großes
Geheimnis und bleibt
unbekannt.

23. Hand

Drücken Sie die Hand des
Feindes ohne Kraft und geben
Sie das Leben auf, und viel Glück
fliegt zu, alles gut schaffen.

24. Glas

Glasscherben blieben im
Gedächtnis stecken, niemand
erwartete jetzt das Ende.

25. Essen

Werfen Sie Essen weg und
werden Sie ein Genießer, mehr
Vergnügen und Vergnügen.

26. Freigabe

Aus Langeweile in die Kirche
gehen und mit entschlossenen
Gedanken über die endgültige
Erlösung nachdenken.

27. Wieder

Immer wieder scheinen die
guten Gerechten ekelhaft und
unfair zu sein.

28. Außerirdisch

Nicht zu Hause im Garten, in der
Hoffnung, es den Außerirdischen
zu erklären und das Geheimnis
verstohlen verstecken.

29. Pünktlich

Tragen Sie das richtige Hemd zur
richtigen Zeit und kommen Sie
pünktlich zur Beerdigung.

30. Verträumt

Verträumt durch die Luft fliegen,
die Gerüche anderer Menschen
einatmen und ein besser
aussehender Träumer werden.

31. Helden

Seit ich eine Medaille erhalten
habe, kann ich mich als Mann
bezeichnen.

32. Hoch

Die Wolken am Himmel scheinen
hoch zu fliegen, sich an die
Vergangenheit erinnern, Sie sind
ein Aufkleber und lachen.

33. Beliebig

Der Fahrer konnte nicht
widerstehen, die gesamte
Verantwortung fiel auf andere
und sogar die Liebe war ein
Wort.

34. Schnell

Der Vogel auf der Fensterbank
zwitschert das Morgenlied zu
schnell.

35. Raus

Wie weit davon entfernt sein,
groß sein, mit dem Leben
spielen, immer mehr werden
und es gut machen.

36. Verantwortung

Ich halte Sie für verantwortlich,
es geht mich nichts an, wie Sie
sind.

37. Wurm

Der Wurm hat ein Loch in deinen
Gedanken gefunden, hat hier ein
Haus gefunden und wird bis zum
Lebensende bei dir bleiben.

38. Herz

Mit leerem Herzen treffe ich
mein Herz, mit leerem Herzen
treffe ich dein Herz, mit leerem
Herzen treffe ich ein Wesen.

39. Gefängnis

Das Leben in einem Traumkäfig
ist sehr begrenzt.

40. Liebe

Vergiss dich selbst im Durst nach
Liebe, denke sorgfältig nach und
frage.

41. Anfragen

Wir beten und beten mit
Geschichten, um wieder im
Gefängnis der Träume zu sein,
um im Gefängnis der Liebe zu
sein.

42. Morgen

Der gute Morgen gibt die
Hoffnung zurück, ein guter Tag
wird dich sterben lassen, es wird
ein guter Tag sein.

43. Wiedergeboren

Immer wiedergeboren sein,
immer wieder tot sein.

44. Angst

Angst hat dich berührt, die guten
Tage sind noch nicht vorbei.

45. Ohne Angst

Sei ängstlich oder furchtlos, der
Frühling wird für dich und für
mich kommen.

46. Kreuze

Zwei Kreuze standen auf einem
Berg und in mir, sie trugen mehr
als ein Kreuz und verloren
Hoffnungen oder Kreuze.

47. Festspiel

Wir halten immer an Kreuzen
fest, sie geben auch die falsche
Bedeutung.

48. Leere

Wenn Sie Leere finden und
unerwartet Kreuze finden,
beginnen Sie zu fluchen und
werden entscheidend sein.

49. Wunde

Behandeln Sie nicht die Wunde
des Herzens, nähren Sie die
Wunde nicht richtig und lassen
Sie nicht alles im Herzen.

50. Leider

Leider hat Leiden nicht immer
einen großen Zweck, aber Leiden
macht immer Sinn.

51. Vertrauen

Gewinnen Sie Vertrauen in Ihre
Gedanken und verwandeln Sie
sie in ein Gesamtbild.

52. Gehärtet

Die Welle schlägt mich und ich
bemerke das Festmahl in mir,
geschützt von den Stummen.

53. Ton

Die klingende absolute Stille traf
Sie und verschwand mit dem
ersten Gedanken an Erfolg.

54. Entmutigt

Verwandle Traurigkeit in ein
Erfolgsgefühl und sei stark, siege
und töte und werde schließlich
ein Mensch.

55. Aufgeregt

Aufgeregt ist nicht aufgeregt und
kommt nicht von irgendwoher,
hat mit Intelligenz und
spontanen Angriffen zu tun.

56. Kerze

Steh einfach auf und denke klar
und bei Kerzenlicht, denke an
unglaubliches Glück und ruhe
dich einfach aus.

57. Apfel

Ich habe einen Apfel gefunden,
aber der Apfel war faul.

58. Erbrechen

Freundliches, betrunkenes
Erbrochenes riecht sauer und
zerstreut meine Liebe zur
Ehrlichkeit und zum Verständnis.

59. Schuppen

Die Schuppen auf den Schultern
schwächen leicht die
Überlegenheit im Spiel.

60. Bremsen

Sie bremsen mich mit Ihrer
Überlegenheit, und ich träume
immer von großen Besitztümern,
und ich werde es Ihnen zeigen.

61. Weise

Als sich die Tür öffnete und der
große Weise eintrat, stolperte er
dumm.

62. Freundlich

Sei freundlich, die Welt wieder
annehmen und beherrschen.

63. Kern

Der große Unterschied im Kern
zeigt jedem, dass es keinen
Unterschied gibt, wir pflanzen
und sterben.

64. Vorschlag

Ein guter Vorschlag und ein
gutes Sprichwort laden Sie ein,
sich hinzusetzen und
wegzufliegen.

65. Ausgeglichen

Setz dich gut auf den Boden,
lache und verliere wieder, wie
richtig ist es, wenn du
zurückkehrst?

66. Frost

Sehr reif und sehr unhöflich sein,
den Anfang verloren haben und
uns die Aufgabe gestellt haben,
den Anfang zu finden.

67. Zuletzt

Die Last zieht dich immer tiefer
in die Erde hinein, die Erde
wartet auf dich.

68. Klang

Durchdrungen von Geräuschen,
von leisen und lauten
Geräuschen, denke nach und
sage schließlich etwas Kluges.

69. Austausch

Tauschen Sie Flüssigkeiten,
Gedanken und Gefühle und
solides Wissen, Glauben und
Ausdauer und sich selbst aus.

70. Abgehackt

Immer wieder und dann
weglaufen oder nicht.

71. Kurz

Mit Blick auf die Sonne, natürlich
kurz und freundlich, obwohl es
weh tut, die Sonne loben, kurz
und sehr freundlich.

72. Netzwerk

Denker für Erklärungen
beschimpfen, die richtige
Bedeutung finden.

73. Brutal

Den letzten Schluck trinken und
ohne Gnade grausam sein, ist
immer ein guter Charakterzug.

74. Versprechen

Nichts versprechen und trotz des
Herdenbewusstseins der
Mittelpunkt der Erde sein, komm
her und kapituliere.

75. Warnung

Allmählich verschwinden die
Erinnerungen, der Ankläger ist
alt und dünn, es scheint, er ist
erschöpft.

76. Grund

Es gibt keinen wirklichen Grund
für die Anhäufung einer großen
Menge an Wissen.

77. Damit

Ganz neben mir, möchte auf
jeden Fall da sein und in Kontakt
bleiben.

78. Glück

Viel Glück und Kontrolle über die
Welten, viel Glück.

79. Ordnung

Holen Sie sich den Befehl, führen
Sie ihn gut aus und seien Sie
stolz auf den Krieger, Sie müssen
ein Krieger sein.

80. Auftritt

Ich kam und erfuhr alles, ein
vorbildlicher starker Typ.

81. Wunder

Es geschehen keine zusätzlichen
Wunder, das Bekannte sollte
ausreichen.

82. Rahmen

Der Rahmen hat eine schöne
Rahmenfunktion, die Hoffnung
schafft.

83. Siehe

Ich konnte die Sonne vor Glück
nicht sehen und freute mich auf
Dummheit.

84. Langsam

Kommen Sie zu sich und seien
Sie ein anständiger Mensch, die
Arme stärken und mit den
Muskeln vor Freude spielen.

85. Verdreht

Nachdenken, nicken und
bestätigen, zu bestätigen und
über die Zukunft nachdenken,
erfolgreich sein.

86. Wochenende

Wochenenden, Jahresende und
Lebensende, finden Sie alles
mühelos.

87. Lärm

Das ständige Geräusch in dem
kleinen Kopf ist zu Musik
geworden, Klang und Klang,
freundlich für alle, sei freundlich.

88. Zahlen

Wenn man für alles zahlt,
bleiben Rechnungen nicht offen,
Geschenke sind gefährlich und
Glück wird eine Strafe sein.

89. Abkürzung

Da sich die Abkürzung
durchgesetzt hat, gibt es keine
Möglichkeit mehr, belastendes
Leben auf lange Sicht zu sehen.

90. Geladen

Gut kalkuliert, schlau, gut
kalkuliert, aber gleichzeitig
sauber und doch ein Neuanfang.

91. Wörter

Es wird immer Worte geben,
Worte, die alles Leben
beschreiben.

92. Geliefert

Offener Rest, der Rest kommt
zurück und alles andere ist in der
Nähe, nimmt fast keinen Platz
ein, alles ist offen.

93. Fertig

Machen Sie fertig, erledigen Sie
die Arbeit und haben Sie Spaß
daran, jeden Tag neu zu denken,
ohne nachzudenken.

94. Eitelkeit

Nimm deine Eitelkeit und
verliere dich, falle runter.

95. Lichter

Und es strahlt der Kopf, viele
glauben, dass sie infiziert sein
könnten.

96. Liebe

Hier sollten wir die Liebe, die
Liebe zueinander, die
nachdenkliche Liebe und die
leere Liebe nicht vergessen.